Albert Schweitzer

Ausgewählte Kostbarkeiten

Zusammengestellt von
Gottfried Berron

skv edition

Reihe
Ausgewählte Kostbarkeiten
Nr. 92414

Die Deutsche Bibliothek – CIP-Einheitsaufnahme

Schweitzer, Albert:
Ausgewählte Kostbarkeiten / Zsgest. von Gottfried
Berron – 16. Aufl. –
Lahr (Schwarzwald) : SKV-Ed., 1995.
(Reihe Ausgewählte Kostbarkeiten; Nr. 92414)

ISBN 3 87729 019 1

16. Auflage 1995
Umschlagbild: N. Kustos
Innenillustrationen: R. Gönner, M. Karau
Gesamtherstellung:
St.-Johannis-Druckerei, 77922 Lahr
Printed in Germany 4474/1995

Inhalt

Albert Schweitzer

Am 14. Januar 1875 wurde Albert Schweitzer zu Kaysersberg im Oberelsaß geboren. Sein Vater, Ludwig Schweitzer, war Pfarrverweser und Lehrer der kleinen evangelischen Diasporagemeinde; seine Mutter, Adele, geborene Schillinger, war die Tochter eines elsässischen Pfarrers. Bald nach der Geburt des Sohnes kam der Vater als Pfarrer nach Günsbach im Münstertal. Hier erlebte Albert Schweitzer mit seinen Geschwistern eine »sehr glückliche Jugend«.

Albert Schweitzer studierte in Straßburg Theologie und Philosophie und nahm in Paris Orgelunterricht. Als er schon Prediger und Privatdozent in Straßburg war,

ließ er sich durch einen Aufruf der Pariser Missionsgesellschaft bewegen, noch Medizin zu studieren, um danach in Afrika für die Eingeborenen tätig sein zu können.
Im April 1913 erreichte Albert Schweitzer mit seiner Frau, der Straßburger Professorentochter Helene Breßlau, die Missionsstation Lambarene im französischen Gabun. Mit diesem Auszug in das westliche Zentralafrika hatte er – als Theologe, Philosoph, Mediziner, Musikwissenschaftler, Orgelbaufachmann, Orgelvirtuose, Schriftsteller ein Universalgenie unserer Zeit – den grundsätzlich schon lange geplanten »Weg des unmittelbaren Dienens als Mensch« betreten.
Unablässig wirkte und warb er nun ein halbes Jahrhundert lang in Afrika und Europa nicht nur für seine Schwarzen, son-

dern, im Sinne seiner 1915 gefundenen Formel »Ehrfurcht vor dem Leben« und, wie er überzeugt war, in der Nachfolge Jesu, für eine Erneuerung der Menschheit. Ihm war »die Zukunft des Menschen und der Menschheit Gegenstand der Sorge und des Hoffens«, und er wollte »im Vertrauen auf die Macht des Geistes einer kommenden Kulturmenschheit die Wege bahnen«.

1951 erhielt Albert Schweitzer den Friedenspreis des deutschen Buchhandels, 1953 den Friedensnobelpreis. Das »Problem des Friedens« bewegte ihn im hohen Alter und ließ ihn, im Blick auf die Gefahren der Atombombe, warnende Appelle an die Weltöffentlichkeit richten.

Am 4. September 1965, acht Jahre nach dem Tod seiner Frau, starb Albert Schweitzer in Lambarene.

Wahrheit und Wahrhaftigkeit

Als unverlierbaren Kinderglauben habe ich mir den an die Wahrheit bewahrt. Ich bin der Zuversicht, daß der aus der Wahrheit kommende Geist stärker ist als die Macht der Verhältnisse.

Anfang alles wertvollen geistigen Lebens ist der unerschrockene Glaube an die Wahrheit und das offene Bekenntnis zu ihr.

Die Stadt der Wahrheit kann nicht auf dem Sumpfboden des Skeptizismus erbaut werden.

So stark wie der Wille zur Wahrheit muß der zur Wahrhaftigkeit sein. Nur eine Zeit, die den Mut der Wahrhaftigkeit aufbringt, kann Wahrheit besitzen, die als geistige Kraft in ihr wirkt.

Wahrhaftigkeit ist das Fundament des geistigen Lebens.

Die Wahrheit einer Weltanschauung hat sich darin zu erweisen, daß das geistige Verhältnis zum Sein und zur Welt, in das wir durch sie kommen, innerliche Menschen mit tätiger Ethik aus uns macht.

Da das Wesen des Geistigen Wahrheit ist, bedeutet jede Wahrheit zuletzt einen Gewinn.

Unter allen Umständen ist die Wahrheit wertvoller als die Nichtwahrheit. Dies muß auch von der geschichtlichen Wahrheit gelten.

Verzicht auf Denken ist geistige Bankrotterklärung.

Den Kampf gegen das Böse, das in dem Menschen ist, haben wir nicht mit Richten anderer, sondern nur in dem Richten unser selbst zu führen. Kämpfen mit uns selbst und Wahrhaftigkeit gegen uns selbst sind die Mittel, mit denen wir auf andere einwirken.

Nie dürfen wir abgestumpft werden. In der Wahrheit sind wir, wenn wir die Konflikte immer tiefer erleben.

Das Wesen des lebendigen Seins außer mir kann ich nur aus dem lebendigen Sein, das in mir ist, begreifen.

Jede Untreue gegen unser inneres Wesen ist ein Fleck auf unserer Seele.

Wie oft besteht das, was als Fortschritt gilt, darin, daß eine mit Virtuosität argumentierende Ansicht die wirkliche Einsicht für lange außer Gefahr setzt.

Das Unzeitgemäße ist das Zeitgemäße.

Nur wer zur Erkenntnis durchgedrungen ist, daß wir so vieles, was uns begegnet, als Sühne ansehen müssen für das, was unsere Schuld an den Menschen darstellt, versteht das Leben.

Die letzten Fragen des Daseins gehen über das Erkennen hinaus.

Das Größte an einem Denker wird immer bleiben, daß seine Gedanken und sein Leben eine Einheit bilden.

Alles Tiefe ist zugleich ein Einfaches.

Es ist das Schicksal jeder Wahrheit, vor ihrer Anerkennung ein Gegenstand des Lächelns zu sein.

Kultur und Ethik

Was ist Kultur? Sie ist der Inbegriff aller Fortschritte des Menschen und der Menschheit auf allen Gebieten und in jeder Hinsicht, sofern dieselben der geistigen Vollendung des Einzelindividuums als dem Fortschritt der Fortschritte dienstbar sind.

Das Wesentliche der Kultur besteht nicht in materiellen Errungenschaften.

Das Verhängnis unserer Kultur ist, daß sie sich materiell viel stärker entwickelt hat als geistig. Ihr Gleichgewicht ist gestört.

Hätten die Verhältnisse sich so entwickelt, daß ein bescheidener und bleibender Wohlstand immer weiteren Kreisen zuteil geworden wäre, so hätte die Kultur davon viel größere Vorteile gehabt als von allen materiellen Errungenschaften, die in ihrem Namen gepriesen werden. Diese machen zwar die Menschheit als solche freier von der Natur, als sie früher gewesen war. Zugleich aber vermindern sie die Zahl der unabhängigen Existenzen.

Materielle und geistige Freiheit gehören innerlich zusammen. Die Kultur setzt Freie voraus. Nur von diesen kann sie gedacht und verwirklicht werden.

Als das Wesentliche der Kultur ist die ethische Vollendung der einzelnen wie der Gesellschaft anzusehen. Zugleich aber hat jeder geistige und jeder materielle Fortschritt Kulturbedeutung. Der Wille zur Kultur ist also universeller Fortschrittswille, der sich des Ethischen als des höchsten Wertes bewußt ist.

Bei aller Bedeutung, die den Errungenschaften des Wissens und Könnens zukommt, ist doch offenbar, daß nur eine ethischen Zielen zustrebende Menschheit des Segens materieller Fortschritte in vollem Maße teilhaftig und der mit ihnen gegebenen Gefahren Herr werden könne.

Das Wesen der Kultur besteht darin, daß die in unserem Willen zum Leben nach Geltung ringende Ehrfurcht vor dem Leben sich in den einzelnen Menschen und in der Menschheit immer mehr durchsetzt.

Kultur ist also nicht eine Erscheinung einer Weltrevolution, sondern ein Erlebnis des Willens zum Leben in uns.

Regeneration der Kultur hat nichts mit Bewegungen zu tun, die den Charakter eines Massenerlebnisses an sich tragen.

Kultur kann nur dadurch wieder zustande kommen, daß in den vielen einzelnen, unabhängig von der jetzt herrschenden Gesamtgesinnung und im Gegensatz zu ihr, eine neue Gesinnung entsteht, die nach und nach auf die Gesamtgesinnung Einfluß gewinnt und sie zuletzt bestimmt.

Wo die Kollektivitäten stärker auf den einzelnen einwirken, als er auf sie zurückwirkt, entsteht Niedergang.

Was ist Nationalismus? Der unedle und ins Sinnlose gesteigerte Patriotismus, der sich zum edlen und gesunden wie die Wahnidee zur normalen Überzeugung verhält.

Ohne Opfer kann die Gesellschaft nicht bestehen.

Humanität besteht darin, daß nie ein Mensch einem Zweck geopfert wird.

Das Fundament des Rechts ist Humanität.

Unverletzbare Menschenrechte haben wir wieder aufzustellen, Menschenrechte, die dem einzelnen die höchstmögliche Freiheit seiner Individualität in dem eigenen Volksganzen gewährleisten, Menschenrechte, die seine Existenz und seine Menschenwürde gegen alle fremde Gewalt schützen, der er unterworfen werden kann.

Geistige Macht haben wir nur, wenn die Menschen uns anmerken, daß wir nicht kalt nach ein für allemal festgelegten Prinzipien entscheiden, sondern in jedem einzelnen Falle um unsere Humanität kämpfen.

Alle materiellen und geistigen Werte sind Werte nur insofern, als sie der höchsten Erhaltung und Förderung von Leben dienen.

Wo das Bewußtsein schwindet, daß jeder Mensch uns als Mensch etwas angeht, kommen Kultur und Ethik ins Wanken.

Das Kriterium einer wirklichen Ethik ist, ob sie die Probleme der persönlichen Sittlichkeit und des Verhaltens von Mensch zu Mensch, mit denen wir es täglich und stündlich zu tun haben und in denen wir ethische Persönlichkeiten werden müssen, zu ihrem vollen Rechte kommen läßt.

So gewiß es ist, daß geregelte Zustände Voraussetzung und zugleich Folge der Kultur sind, so sicher ist auch, daß von einem gewissen Punkte ab das äußere Organisieren auf Kosten des geistigen Lebens geht. Die Persönlichkeiten und Ideen werden dann den Institutionen unterworfen, statt daß sie sie beeinflussen und innerlich lebendig erhalten.

Entweder zieht die Ethik der ethischen Persönlichkeit die Gesellschaftsethik nach Möglichkeit zu sich empor, oder sie wird von ihr hinabgezogen.

Wenn wir überhaupt nur wieder anfangen, über Ethik und unser geistiges Verhältnis zur Welt nachdenkend zu werden, sind wir bereits auf dem Wege, der von der Unkultur zur Kultur zurückführt.

Nur das wahrhaft Ethische ist wahrhaft vernunftgemäß.

Unter den die Wirklichkeit gestaltenden Kräften ist die Sittlichkeit die erste.

In tiefgehenden sittlichen Aussprüchen, wie in Jesu Seligpreisungen, leuchtet das Grundprinzip des Sittlichen auf.

Der große Feind der Sittlichkeit ist die Abstumpfung.

In aller Tätigkeit darfst du nie unpersönliche Energie, Ausführungsorgan irgendeiner Sache, Beauftragter der Gesellschaft sein, sondern du mußt dich in allem mit deiner persönlichen Sittlichkeit auseinandersetzen.

Nach meiner Erfahrung scheint es mir eine Selbsttäuschung, wenn jemand zwei Sprachen als Muttersprache zu besitzen glaubt. Mag er sie beide in gleicher Weise zu beherrschen vermeinen, so ist es doch immer so, daß er eigentlich nur in einer denkt und nur in dieser wirklich frei und schöpferisch verfährt.

Welt- und Lebensbejahung

Wo wir den Dingen auf den Grund gehen, kommen wir immer auf etwas Geheimnisvolles. Das Leben und alles, was damit zusammenhängt, ist unergründlich.

Was Leben ist, vermag keine Wissenschaft zu sagen.

Der Ungelehrte, der angesichts eines blühenden Baumes von dem Geheimnis des um ihn sich regenden Willens zum Leben ergriffen ist, ist wissender als der Gelehrte, der tausend Gestaltungen des Willens zum Leben unter dem Mikroskop oder im physikalischen und chemischen Geschehen studiert, aber bei aller Kenntnis von dem Ablauf der Erscheinungen des Willens zum Leben dennoch nicht von dem Geheimnis bewegt ist, daß alles, was ist, Wille zum Leben ist, sondern in der Eitelkeit aufgeht, ein Stückchen Ablauf von Leben genau beschreiben zu können.

Nimmt man die Welt, wie sie ist, so ist es unmöglich, ihr einen Sinn beizulegen, in dem die Zwecke und Ziele des Wirkens des Menschen und der Menschheit sinnvoll sind.

Den Sinn des Ganzen zu verstehen ist uns unmöglich.

Trotz des negativen Resultats des Erkennens habe ich Welt- und Lebensbejahung festzuhalten und zu vertiefen. Mein Leben trägt seinen Sinn in sich selber. Er liegt darin, daß ich die höchste Idee habe, die in meinem Willen zum Leben auftritt: die Idee der Ehrfurcht vor dem Leben. Daraufhin gebe ich meinem Leben und allem Willen zum Leben, der mich umgibt, einen Wert, halte mich zum Wirken an und schaffe Werte.

Wird der Mensch denkend über das Geheimnisvolle seines Lebens und der Beziehungen, die zwischen ihm und dem die Welt erfüllenden Leben bestehen, so kann er nicht anders, als daraufhin seinem eigenen Leben und allem Leben, das in seinen Bereich tritt, Ehrfurcht vor dem Leben entgegenzubringen und diese in ethischer Welt- und Lebensbejahung zu betätigen. Sein Dasein wird dadurch in jeder Hinsicht schwerer, als wenn er für sich lebte, zugleich aber auch reicher, schöner und glücklicher. Aus Dahinleben wird es jetzt wirkliches Erleben des Lebens.

Die Ethik der Ehrfurcht vor dem Leben ist die ins Universelle erweiterte Ethik der Liebe.

Ethik ist ins Grenzenlose erweiterte Verantwortung gegen alles, was lebt.

Ethik ist nichts anderes als Ehrfurcht vor dem Leben. Die Ehrfurcht vor dem Leben gibt mir das Grundprinzip des Sittlichen ein, daß das Gute in dem Erhalten, Fördern und Steigern von Leben besteht und daß Vernichten, Schädigen und Hemmen von Leben böse ist.

Lebensbejahung ist Vertiefung, Verinnerlichung und Steigerung des Willens zum Leben. Zugleich erlebt der denkend gewordene Mensch die Nötigung, allem Willen zum Leben die gleiche Ehrfurcht vor dem Leben entgegenzubringen wie dem eigenen. Als gut gilt ihm: Leben erhalten, Leben fördern, entwickelbares Leben auf seinen höchsten Wert bringen; als böse: Leben vernichten, Leben schädigen, entwickelbares Leben niederhalten. Dies ist das denknotwendige, absolute Grundprinzip des Sittlichen.

Wahrhaft ethisch ist der Mensch nur, wenn er der Nötigung gehorcht, allem Leben, dem er beistehen kann, zu helfen, und sich scheut, irgend etwas Lebendigem Schaden zu tun. Er fragt nicht, inwiefern dieses oder jenes Leben als wertvoll Anteilnahme verdient, und auch nicht, ob und inwieweit es noch empfindungsfähig ist. Das Leben als solches ist ihm heilig. Er reißt kein Blatt vom Baume ab, bricht keine Blume und hat acht, daß er kein Insekt zertritt. Wenn er im Sommer nachts bei der Lampe arbeitet, hält er lieber das Fenster geschlossen und atmet dumpfe Luft, als daß er Insekt um Insekt mit versengten Flügeln auf seinen Tisch fallen sieht.

Geht er nach dem Regen auf der Straße und erblickt den Regenwurm, der sich darauf verirrt hat, so bedenkt er, daß er in der Sonne vertrocknen muß, wenn er nicht rechtzeitig auf Erde kommt, in der er sich verkriechen kann, und befördert ihn ins Gras. Kommt er an einem Insekt vorbei, das in einen Tümpel gefallen ist, so nimmt er sich die Zeit, ihm ein Blatt oder einen Halm zur Rettung hinzuhalten. Er fürchtet sich nicht, als sentimental belächelt zu werden.

Indem ich einem Insekt aus seiner Not helfe, tue ich nichts anderes, als daß ich versuche, etwas von der immer neuen Schuld der Menschen an die Kreatur abzutragen.

Die Idee der Ehrfurcht vor dem Leben ergibt sich als die sachliche Lösung der sachlich gestellten Frage, wie der Mensch und die Welt zusammengehören.

Wer von uns weiß, was das andere Lebewesen an sich und in dem Weltganzen für eine Bedeutung hat?

Dem wahrhaft ethischen Menschen ist alles Leben heilig, auch das, das uns vom Menschenstandpunkt aus als tiefer stehend vorkommt.

Als tätiges Wesen kommt er in ein geistiges Verhältnis zur Welt dadurch, daß er sein Leben nicht für sich lebt, sondern sich mit allem Leben, das in seinen Bereich kommt, eins weiß, dessen Schicksale in sich erlebt, ihm, soviel er nur immer kann, Hilfe bringt und solche durch ihn vollbrachte Förderung und Errettung von Leben als das tiefste Glück, dessen er teilhaftig werden kann, empfindet.

Ehrfurcht vor dem Leben ist Ergriffensein von dem unendlichen, unergründlichen, vorwärtstreibenden Willen, in dem alles Sein gegründet ist.

Alle lebendige Frömmigkeit fließt aus Ehrfurcht vor dem Leben.

Die Natur kennt keine Ehrfurcht vor dem Leben. Die Wesen leben auf Kosten des Lebens anderer Wesen. Die Natur ist schön und großartig, von außen betrachtet, aber in ihrem Buche zu lesen ist schaurig ... Warum gehen Naturgesetz und Sittengesetz so auseinander?

Durch Beziehung auf die Welt Unruhe haben, wo wir durch Zurückziehen auf uns selber Ruhe haben könnten: Dies ist's, was uns die tiefere Welt- und Lebensbejahung auferlegt.

In vertiefter Welt- und Lebensbejahung bekunde ich Ehrfurcht vor dem Leben.

In der Gesinnung der Ehrfurcht vor dem Leben liegt ein elementarer Begriff von Verantwortung beschlossen, dem wir uns ergeben müssen. In ihr sind Kräfte tätig, die uns zu einer Revision und Veredelung unserer individuellen, sozialen und politischen Gesinnung zwingen.

Die Gesinnung der Ehrfurcht vor dem Leben ist es auch, die allein fähig ist, ein neues Bewußtsein des Rechts zu schaffen.

Größer als die Verhältnisse muß unsere Kraft sein, unter diesen Verhältnissen Menschen zu werden, die die Zeit verstehen und der Zeit gewachsen sind.

Miteinander – füreinander

Das Gebot der Liebe heißt im letzten Grunde: Es gibt für dich keine Fremden, sondern nur Menschen, deren Wohl und Wehe dir angelegen sein muß.

Kein Mensch ist jemals einem Menschen ein vollständig und dauernd Fremder. Große und kleine Umstände können eintreten, die die Fremdheit, die wir uns im täglichen Leben auferlegen müssen, außer Kraft setzen und uns als Mensch zu Mensch miteinander in Beziehung bringen. Das Gesetz der Zurückhaltung ist bestimmt, durch das Recht der Herzlichkeit durchbrochen zu werden.

Viel Kälte ist unter den Menschen, weil wir nicht wagen, uns so herzlich zu geben, wie wir sind.

Nur wer Ehrfurcht vor dem geistigen Wesen anderer hat, kann andern wirklich etwas sein.

Es ist ja fast so, daß wir, je näher wir uns kennen, einander um so geheimnisvoller werden.

Das Wirken der Kraft ist geheimnisvoll. Überhaupt, ist nicht in dem Verhältnis des Menschen zum Menschen viel mehr geheimnisvoll, als wir es uns gewöhnlich eingestehen? Keiner von uns darf behaupten, daß er einen andern wirklich kenne, und wenn er seit Jahren täglich mit ihm zusammenlebt. Von dem, was unser inneres Leben ausmacht, können wir auch unseren Vertrautesten nur Bruchstücke mitteilen.

Wir wandeln miteinander in einem Halbdunkel, in dem keiner die Züge des andern genau erkennen kann. Nur von Zeit zu Zeit, durch ein Erlebnis, das wir mit dem Weggenossen haben, oder durch ein Wort, das zwischen uns fällt, steht er für einen Augenblick neben uns, wie von einem Blitz beleuchtet. Da sehen wir ihn, wie er ist.

Sich kennen will nicht heißen, alles voneinander wissen, sondern Liebe und Vertrauen zueinander haben und einer an den andern glauben. Ein Mensch soll nicht in das Wesen des andern eindringen wollen.

Alle müssen wir uns hüten, denen, die wir lieben, Mangel an Vertrauen vorzuwerfen, wenn sie uns nicht jederzeit in alle Ecken ihres Herzens einblicken lassen.

Es gibt nicht nur eine leibliche, sondern auch eine geistige Schamhaftigkeit, die wir zu achten haben. Auch die Seele hat ihre Hüllen, deren man sie nicht entkleiden soll. Keiner von uns darf zum andern sagen: Weil wir so und so zusammengehören, habe ich das Recht, alle deine Gedanken zu kennen. Nicht einmal die Mutter darf so gegen ihr Kind auftreten.

Teile von deinem geistigen Wesen denen, die mit dir auf dem Wege sind, so viel mit als du kannst, und nimm als etwas Kostbares hin, was dir von ihnen zurückkommt.

Wir sind verantwortlich für alles, was wir tun können an Menschen und für Menschen, ob sie uns bekannt sind oder nicht.

Keiner mache sich die Last seiner Verantwortung leicht.

Das tiefer denkende Gewissen lehrt uns, daß der Kreis unserer Verantwortlichkeit gar nicht abzustecken ist, sondern daß wir in fortgesetzter Unruhe leben müssen, ob wir uns so für den Erfolg des Guten und Wahren, für die leidende Kreatur und für die Menschen eingesetzt haben, wie wir es sollten.

Laßt uns so einfach wie möglich leben, daß wir haben zu geben!

Sein Menschenleben neben dem Berufsleben rettet sich, wer auf die Gelegenheit aus ist, in persönlichem Tun, so unscheinbar es sei, für Menschen, die eines Menschen bedürfen, Mensch zu sein. Dadurch stellt er sich in den Dienst des Geistigen und Guten.

Schafft euch ein Nebenamt, ein unscheinbares, vielleicht ein geheimes Nebenamt. Tut die Augen auf und suchet, wo ein Mensch oder ein Menschen gewidmetes Werk ein bißchen Zeit, ein bißchen Freundlichkeit, ein bißchen Teilnahme, ein bißchen Gesellschaft, ein bißchen Arbeit eines Menschen braucht. Vielleicht ist es ein Einsamer oder ein Verbitterter oder ein Kranker oder ein Ungeschickter, dem du etwas sein kannst. Vielleicht ist es ein

Greis oder ein Kind. Oder ein gutes Werk braucht Freiwillige, die einen freien Abend opfern oder Gänge tun können.

In tausend Arten hat sich die Bestimmung der Menschen zu erfüllen, damit sich das Gute verwirkliche. Was er als Opfer zu bringen hat, ist das Geheimnis jedes einzelnen. Miteinander aber müssen wir alle wissen, daß unser Dasein seinen wahren Wert erst bekommt, wenn wir etwas von der Wahrheit des Wortes: »Wer sein Leben verliert, der wird es finden« in uns erleben.

Aus dem tiefsten Glücksgefühl erwuchs mir nach und nach das Verständnis für das Wort Jesu, daß wir unser Leben nicht für uns behalten dürfen. Wer viel Schönes im Leben erhalten hat, muß entsprechend viel dafür hingeben. Wer von eigenem Leid verschont ist, hat sich berufen zu fühlen, zu helfen, das Leid der andern zu lindern. Alle müssen wir an der Last von Weh, die auf der Welt liegt, mittragen.

Was du an Gesundheit, an Gaben, an Leistungsfähigkeit, an Erfolg, an schöner Kindheit, an harmonischen häuslichen Verhältnissen mehr empfangen hast als andere, darfst du nicht als selbstverständlich hinnehmen. Du mußt einen Preis dafür entrichten. Außergewöhnliche Hingabe von Leben an Leben mußt du leisten.

Gestattest du dir etwas, das nicht zum Lebensnotwendigen, sondern der Erholung oder der Genugtuung am Schönen und Angenehmen dient, so nimm ungefähr den gleichen Wert und bestimme ihn für Wohltaten.

Es flutet viel Wasser unter dem Erdboden, das nicht als Quelle herausbricht. Dessen dürfen wir uns getrösten. Selber aber sollen wir Wasser sein, das den Weg findet, Quelle zu werden, an der Menschen den Durst nach Dankbarkeit stillen können.

Daß jeder in der Lage, in der er sich befindet, darum ringt, wahres Menschentum an Menschen zu betätigen: davon hängt die Zukunft der Menschheit ab.

Wirken und leiden

Nicht darf es für dich heißen: Wie erkläre ich die Ereignisse, die mir begegnen, sondern: Was mache ich aus ihnen?

Die Welt ist nicht nur Geschehen, sondern auch Leben. Zu dem Leben der Welt, soweit es in meinen Bereich tritt, habe ich mich nicht nur leidend, sondern auch tätig zu verhalten. Indem ich mich in den Dienst des Lebendigen stelle, gelange ich zu einem sinnvollen, auf die Welt gerichteten Tun.

Ein Mensch, der nicht wirkt, der kommt nicht weiter als bis zu dem Satz: Das Leben ist Kampf und Not. Aber ein Mensch, der wirkt, der kommt zur höheren Weisheit: Das Leben ist Kampf und Sieg. Darum zwingt Gott die Menschen zur Arbeit.

Alles wertvolle Wirken ist Tun auf Glauben.

Alles Wirken bringt uns in Schuld, weil wir schädigend in die Existenz eines Menschen einzugreifen in die Lage kommen.

In jedem Falle mußt du selber entscheiden, ohne der Gefahr entgehen zu können, nach der einen wie nach der andern Seite zu irren. Aber wenn du irrst, sei lieber in Gefahr, das Menschliche über das Sachliche zu stellen.

Sosehr mich das Problem des Elends in der Welt beschäftigte, so verlor ich mich doch nie in Grübeln darüber, sondern hielt mich an den Gedanken, daß es jedem von uns verliehen sei, etwas von diesem Elend zum Aufhören zu bringen.

Wer sich vornimmt, Gutes zu wirken, darf nicht erwarten, daß die Menschen ihm deswegen Steine aus dem Wege räumen, sondern muß auf das Schicksalhafte gefaßt sein, daß sie ihm welche darauf rollen.

Was wir in unserm Leben an Menschen Gutes tun und von ihnen Gutes empfangen können, ist es wohl wert, daß wir hie und da auch die sogenannte Zurückweisung mit in den Kauf nehmen. Keiner kann im Sinne Jesu handeln, ohne bei der Welt Anstoß zu erregen.

Nur derjenige, der jeder Tätigkeit einen Wert abgewinnen kann und der sich jeder mit vollem Pflichtbewußtsein hingibt, hat das innerliche Recht dazu, sich ein außerordentliches Tun statt des ihm natürlich zufallenden zum Ziel zu setzen.

Nur derjenige, der sein Vorhaben als etwas Selbstverständliches, nicht als etwas Außergewöhnliches empfindet und der kein Heldentum, sondern nur in nüchternem Enthusiasmus übernommene Pflichten kennt, besitzt die Fähigkeit, ein geistiger Abenteurer zu sein, wie sie die Welt nötig hat.

Es gibt keine Helden der Tat, sondern nur Helden des Verzichtens und des Leidens. Ihrer sind viele. Aber wenige von ihnen sind bekannt, und auch diese nicht der Menge, sondern nur den Wenigen.

Den Weg zur Sittlichkeit findet keiner, der nur die Augen der gewöhnlich geltenden Vernünftigkeit hat, sondern nur, der weiß, daß er auch das muß, was dem gewöhnlichen Urteil als überspannt vorkommt.

Als Wirkende und als Leidende haben wir die Kräfte von Menschen zu bewähren, die zum Frieden hindurchgedrungen sind, der höher ist als alle Vernunft.

Die höchste Erkenntnis, zu der man gelangen kann, ist Sehnsucht nach Frieden, daß unser Wille eins werde mit Gottes Willen und sich nicht abschließt wie ein Wassertümpel, der vertrocknen muß, wenn des Sommers Hitze kommt.

Der Friede Gottes ist nicht Ruhe, sondern treibende Kraft.

Sonnenstrahlen

Wo Licht in den Menschen ist, scheint es aus ihnen heraus.

Dem Geist, wenn er in Reinheit und Kraft auftritt, kann nichts widerstehen.

Kraft macht keinen Lärm. Sie ist da und wirkt.

Wo Kraft ist, ist Wirkung von Kraft. Kein Sonnenstrahl geht verloren. Aber das Grün, das er weckt, braucht Zeit zum Sprießen, und dem Sämann ist nicht immer beschieden, die Ernte mitzuerleben.

Was ein Mensch an Gütigkeit in die Welt hinausgibt, arbeitet an den Herzen und an dem Denken der Menschen. Unsere törichte Versäumnis ist, daß wir mit der Gütigkeit nicht Ernst zu machen wagen. Wir wollen die große Last wälzen, ohne uns des die Kraft verhundertfachenden Hebels zu bedienen.

Alle gewöhnliche Gewalt beschränkt sich selber. Denn sie erzeugt Gegengewalt, die ihr früher oder später ebenbürtig oder überlegen wird. Die Gütigkeit aber wirkt einfach und stetig. Sie erzeugt keine Spannungen, die sie beeinträchtigen. Bestehende Spannungen entspannt sie, Mißtrauen und Mißverständnisse bringt sie zur Verflüchtigung, sie verstärkt sich selber, indem sie Gütigkeit hervorruft. Darum ist sie die zweckmäßigste und intensivste Kraft.

In dieser Zeit, wo Gewalttätigkeit in Lüge gekleidet so unheimlich wie noch nie auf dem Thron der Welt sitzt, bleibe ich dennoch überzeugt, daß Wahrheit, Liebe, Friedfertigkeit, Sanftmut und Gütigkeit die Gewalt sind, die über aller Gewalt ist. Ihnen wird die Welt gehören, wenn nur genug Menschen die Gedanken der Liebe, der Wahrheit, der Friedfertigkeit und der Sanftmut rein und stark und stetig genug denken und leben.

Eine unvergeßlich tiefe Wahrheit liegt in dem phantastischen Worte Jesu: »Selig sind die Sanftmütigen, denn sie werden das Erdreich besitzen.«

Willst du an Jesus glauben, so tu etwas für ihn.

Es würde viel mehr Liebe unter den Menschen offenbar werden, wenn die Herzen mutiger wären.

Wo Satzungen und Herz in Konflikt miteinander stehen, macht uns das Gesetz des Geistes frei von dem Gesetz der Satzungen.

Die Reife, zu der wir uns zu entwickeln haben, ist die, daß wir an uns arbeiten müssen, immer schlichter, immer wahrhaftiger, immer lauterer, immer friedfertiger, immer sanftmütiger, immer gütiger, immer mitleidiger zu werden.

Wer an seiner Läuterung arbeitet, dem kann nichts den Idealismus rauben. Er erlebt die Macht der Ideen des Wahren und Guten in sich.

Weil mein Leben so vielfach mit Lüge befleckt ist, muß ich Lüge, die gegen mich begangen wird, verzeihen; weil ich selber so vielfach lieblos, gehässig, verleumderisch, hinterlistig, hoffärtig bin, muß ich alle gegen mich gerichtete Lieblosigkeit, Gehässigkeit, Verleumdung, Hinterlist und Hoffart verzeihen.

Vieles, was an Sanftmut, Gütigkeit, Kraft zum Verzeihen, Wahrhaftigkeit, Treue, Ergebung in Leid unser geworden ist, verdanken wir Menschen, an denen wir solches erlebt haben.

Die innere Freude, die wir empfinden, wenn wir etwas Gutes getan haben und wenn wir fühlten, daß wir irgendwo notwendig waren und Hilfe leisteten, ist eine Speise, deren die Seele bedarf.

Das wunderbare Wort des Apostels Paulus: »Soviel an euch liegt, habt mit allen Menschen Frieden« gilt nicht nur den einzelnen, sondern auch den Völkern.

Nur dadurch, daß eine neue Gesinnung zwischen den Staaten entsteht, kommen sie zur Verständigung und hören auf, einer dem andern Verderben zu bringen.

Vertrauen ist für alle Unternehmungen das große Betriebskapital, ohne welches kein nützliches Werk auskommen kann.

Danken und hoffen

Was leide ich darunter, daß wir Menschen so viele Zeit des Zusammenseins unnütz miteinander zubringen, statt uns in ernster Weise über ernste Dinge zu besprechen und uns einander als strebende, leidende, hoffende und glaubende Menschen zu erkennen zu geben!

Hoffen ist Kraft. Es ist so viel Energie in der Welt, als Hoffnung drin ist, und wenn nur ein paar Menschen miteinander hoffen, dann wirkt um sie eine Kraft, die nichts niederhalten kann, sondern die sich ausdehnt auf die andern.

Wenn du dich schwach und matt und unglücklich fühlst, fang an zu danken, damit es besser mit dir werde.

Wenn dein Danken den Weg zu Gott nimmt, dann wirst du selbst aus der irdischen Betrachtung der Dinge herausgehoben, und alles verschwindet und versinkt unter dir; du fühlst, wie dein Dasein in ihm ruht; was schwer schien, wird leicht, was als unüberwindliches Hindernis vor dir stand, wird eben, und als ein anderer Mensch kehrst du zu deinem eigenen Leben zurück.

Wenn der Mensch Jesus gefunden hat, legen sich alle Stürme.

Beten können heißt zuerst danken können.

Glücklich die Menschen, die im Dank gegen Gott für das Leben gestählt sind!

Wer Gott von Herzen dankt, der erlebt etwas: er wird selber reich.

Die Zeiten der innerlichen Armut sind die Zeiten, wo ihr Gott nicht dankt. Was das Leben bringt, hat an sich keinen Wert: Es bekommt ihn erst durch den Dank zu Gott.

Der kennt sein Leben nicht, der es nicht im Dank zu Gott bespiegelt. Was es birgt an Kostbarkeit, ist dem natürlichen Geist verborgen; die Körner werden erst offenbar, wenn du alles vor Gott ausbreitest.

Gottes Güte gegen uns ist ein so großes Geschenk, daß man sie nicht gleichgültig annehmen darf.

Der Mensch braucht Stunden, wo er sich sammelt und in sich hineinlebt.

Wollen wir einmal nur fünf Minuten ernst nachdenken, was wir an versäumter Bezeugung der Dankbarkeit uns zuschulden kommen ließen, so wird uns angst und bange von allen quälenden Erinnerungen, die da vor uns aufsteigen. Wie wollen wir nur die anerkennenden Worte und die Briefe zählen, die wir versäumt, und die Besuche, die wir unterlassen!

Verschiebe die Dankbarkeit nie! Bezeuge sie an dem Tage, an dem du sie empfindest!

Quellenvermerk

Wir danken den nachstehenden Verlagen für die Genehmigung des Abdrucks aus den bei ihnen erschienenen Werken Albert Schweitzers:

Aus meiner Kindheit und Jugendzeit, C. H. Beck'sche Verlagsbuchhandlung, München
Kultur und Ethik – C. H. Beck'sche Verlagsbuchhandlung, München
Straßburger Predigten – C. H. Beck'sche Verlagsbuchhandlung, München
Goethe, Vier Reden – C. H. Beck'sche Verlagsbuchhandlung, München
Die Weltanschauung der indischen Denker – C. H. Beck'sche Verlagsbuchhandlung, München
Das Problem des Friedens in der heutigen Welt – C. H. Beck'sche Verlagsbuchhandlung, München
Aus meinem Leben und Denken – Felix Meiner Verlag, Hamburg
Was sollen wir tun? – Verlag Lambert Schneider, Heidelberg